ODE

SUR LA GUERRE DE RUSSIE
ET D'ALLEMAGNE.

DE L'IMPRIMERIE DE LEBÉGUE.

ODE

SUR LA GUERRE DE RUSSIE ET D'ALLEMAGNE,

ANNÉES 1812, 1813 ET 1814,

PAR P. N. AUBERT,

DE BAR-LE-DUC.

Quidquid delirant reges, plectuntur achivi.
HORACE.

A PARIS,

CHEZ DELAUNAY, Libraire, Palais-Royal, Galerie de Bois, n° 243.

1814.

ODE

SUR LA GUERRE DE RUSSIE

ET D'ALLEMAGNE,

ANNÉES 1812, 1813 ET 1814.

Quidquid delirant reges, plectuntur achivi.
HORACE.

Ciel! l'horison du nord se couvre d'un nuage;
Voici pour ma Patrie encor de nouveaux maux:
Eh, quoi! je verrai donc un éternel orage
  Lui ravir le repos?

Quand Bellone en fureur, le désespoir dans l'âme,
A couvert en vingt ans l'Europe de débris;
Quand l'Espagne est en feu, pourquoi porter la flamme
   Aux bords du Tanaïs?

※

O volonté cruelle! ô dessein téméraire!...
Peuple, tu ne pourras un instant respirer!
Hélas! dans ton malheur, tu n'as plus qu'à te taire,
   A gémir, à pleurer!

※

Vaines reflexions. Déjà loin de la Seine,
Des valeureux Français je vois l'aigle vainqueur;
Le Niémen est rendu; soumis, le Borysthène
   Ecume de fureur.

※

Moscowa, champ fatal, d'autres diront de gloire,
D'avance je te vois et trembler et frémir :
Tu vas être témoin d'une affreuse victoire...
   O! triste souvenir!...

Des soldats, possédés d'une infernale rage,
Tu vas voir foudroyer les nombreux bataillons,
Et, tout couvert de sang, un horrible carnage
  Engraisser tes sillons.

Le signal est donné; les phalanges altières
Font retentir les airs de leurs cris menaçans;
L'écho répète au loin des trompettes guerrières
  Les belliqueux accens.

Le brave Français fond sur l'armée ennemie,
Qui, soutenant le choc, dispute le terrain;
Les traits sifflent dans l'air, et la mort est vomie
  Par cent bouches d'airain.

Telle sortant soudain d'un effroyable orage,
Tombant avec fracas sur les épis dorés,
Une grêle homicide, en un instant ravage
  Les trésors de Cérès :

Tel sur ce champ de mort, de fureur et de crimes,
Par toutes ses horreurs, bien digne de l'enfer,
On vit exterminer d'innombrables victimes
  Par la flamme et le fer.

***

Le jour a disparu sous d'épaisses ténèbres;
Les blessés, les mourans poussent des cris confus;
Coursiers, chars, lances, traits sont sur ces lieux funèbres
  Ensemble confondus.

***

Le Français vainc; qui peut résister à ses armes?
Il marche vers Moscou.... Déjà les habitans
De la cité des Czars, hélas! versent des larmes
  Sur leurs foyers brûlans.

***

Oui, cette ville a vu, comme une autre Carthage,
Ses palais, ses maisons, ses temples, ses autels,
Ses richesses, ses dieux, immolés à la rage
  Des forcenés mortels.

Pour peindre les horreurs de ce vaste incendie,
Un peuple au désespoir, dans un gouffre de maux,
Trahi, sacrifié, prêt à perdre la vie,
  Où trouver des pinceaux ?

Une sombre terreur partout est répandue ;
Le vieillard sous son toit expire dans les feux ;
L'enfant au berceau meurt, et la mère éperdue
  Le cherche en vain des yeux.

Le fils d'aucun secours ne peut aider son père,
L'ami fuit son ami pour ménager ses jours ;
La femme en gémissant fait au ciel sa prière :
  Hélas ! les dieux sont sourds !

Mais qui donc a produit ces spectacles terribles ?
Qui de tant d'innocens peut causer le malheur ?
L'ambition, mortels, de ces crimes horribles
  Est l'infernal auteur.

Rois cruels, rois tyrans, que ce poison enivre,
Vous êtes des humains les plus affreux fléaux :
Ah ! monstres odieux, les dieux vous font-ils vivre
  Pour causer tant de maux ?

Le Français menacé par l'approche de l'ourse,
Sur ces bords éloignés voit naître les frimas ;
Minerve le rappèle ; il arrête sa course,
  Et revient sur ses pas.

Il marche... Justes dieux ! l'impétueux Borée,
S'échappe tout-à-coup de ses froides prisons ;
L'air se trouble, et Phébus à Cybèle éplorée
  Refuse ses rayons.

Les aqueuses vapeurs, dans les airs congelées,
Flottent de tous côtés en tourbillons épais ;
L'œil ne voit qu'un désert, les plaines sont voilées,
  Les animaux muets.

Ces essaims de héros, la gloire de la France,
Sur ces lieux où naguère ils défiaient le sort,
Hélas! saisis de froids, privés de subsistance,
    Sont frappés par la mort.

Peignez-vous ces soldats errans à l'aventure ;
Ces coursiers expirans, dans les champs dispersés :
Ces cadavres nombreux, privés de sépulture,
    En monceaux entassés.

Le guerrier qui cent fois brava la parque avide,
En vain contre la mort voudrait encor lutter ;
Dans la nuit du trépas, un élément perfide
    Va le précipiter !

Ah! c'en est trop; périsse à jamais cette image !
Mais partout je verrai de ces tableaux affreux...
Et vous Lutzen, Bautzen, fameux champs de carnage,
    Qu'offrez-vous à mes yeux ?

Désespoir, rage, sang, cris, tumulte, furie;
Plaintes, gémissemens, effroi, succès, écueil;
Des peuples le malheur; des humains la folie;
  Des familles le deuil!

Vos noms seront gravés au temple de mémoire;
De cent mille guerriers on dira les hauts faits;
Mais que feront, grands dieux, les fastes de l'histoire,
  Qu'attester des forfaits?

France! pays des dieux! O ma chère Patrie!
Une ligue menace et ton sein et ton sort:
Eh! quoi! me faudra-t-il voir ta gloire flétrie
  Par les soldats du Nord?

Non: en vain contre toi l'Europe est conjurée;
Non, de tous les Français, j'en atteste l'honneur,
On ne te vaincra point. Mais quels bras, quelle armée,
  Dompteraient ta valeur?

O dieux! quels changemens! plus de sang, plus de guerre;
L'olivier de la paix est soudain arboré :
Pour terminer nos maux, le ciel nous donne un père,
LOUIS-LE-DÉSIRÉ!!!

www.ingramcontent.com/pod-product-compliance
Lightning Source LLC
Chambersburg PA
CBHW061626040426
42450CB00010B/2688